All The Real Reasons You Can't Have Success

All The Real Reasons You Can't Have Success

All The Real Reasons You Can't Have Success

All The Real Reasons You Can't Have Success

All The Real Reasons You Can't Have Success

All The Real Reasons You Can't Have Success

All The Real Reasons You Can't Have Success

All The Real Reasons You Can't Have Success

All The Real Reasons You Can't Have Success

All The Real Reasons You Can't Have Success

All The Real Reasons You Can't Have Success

All The Real Reasons You Can't Have Success

All The Real Reasons You Can't Have Success

All The Real Reasons You Can't Have Success

All The Real Reasons You Can't Have Success

All The Real Reasons You Can't Have Success

All The Real Reasons You Can't Have Success

All The Real Reasons You Can't Have Success

All The Real Reasons You Can't Have Success

All The Real Reasons You Can't Have Success

All The Real Reasons You Can't Have Success

All The Real Reasons You Can't Have Success

All The Real Reasons You Can't Have Success

All The Real Reasons You Can't Have Success

All The Real Reasons You Can't Have Success

All The Real Reasons You Can't Have Success

All The Real Reasons You Can't Have Success

All The Real Reasons You Can't Have Success

All The Real Reasons You Can't Have Success

All The Real Reasons You Can't Have Success

All The Real Reasons You Can't Have Success

All The Real Reasons You Can't Have Success

All The Real Reasons You Can't Have Success

All The Real Reasons You Can't Have Success

All The Real Reasons You Can't Have Success

All The Real Reasons You Can't Have Success

All The Real Reasons You Can't Have Success

All The Real Reasons You Can't Have Success

All The Real Reasons You Can't Have Success

All The Real Reasons You Can't Have Success

All The Real Reasons You Can't Have Success

All The Real Reasons You Can't Have Success

All The Real Reasons You Can't Have Success

All The Real Reasons You Can't Have Success

All The Real Reasons You Can't Have Success

All The Real Reasons You Can't Have Success

All The Real Reasons You Can't Have Success

All The Real Reasons You Can't Have Success

All The Real Reasons You Can't Have Success

All The Real Reasons You Can't Have Success

All The Real Reasons You Can't Have Success

www.ingramcontent.com/pod-product-compliance
Lightning Source LLC
Chambersburg PA
CBHW071801200526
45167CB00017B/913